P9-BZO-2-95

# ULTIMATE CHARACTER GUIDE

By Jenne Simon

SCHOLASTIC INC.

Pikmi Pops!
What's inside?
Pikmi Pops!
A cute surprise!

©2018 Moose. Pikmi Pops™ logos, names and characters are licensed trademarks of Moose Enterprise (INT) Pty Ltd. All rights reserved.

All rights reserved. Published by Scholastic Inc., *Publishers since 1920*. SCHOLASTIC and associated logos are trademarks and/or registered trademarks of Scholastic Inc.

The publisher does not have any control over and does not assume any responsibility for author or third-party websites or their content.

No part of this publication may be reproduced, stored in a retrieval system, or transmitted in any form or by any means, electronic, mechanical, photocopying, recording, or otherwise, without written permission of the publisher. For information regarding permission, write to Scholastic Inc., Attention: Permissions Department, 557 Broadway, New York, NY 10012.

This book is a work of fiction. Names, characters, places, and incidents are either the product of the author's imagination or are used fictitiously, and any resemblance to actual persons, living or dead, business establishments, events, or locales is entirely coincidental.

ISBN 978-1-338-31605-6

10 9 8 7 6 5 4 3 2 1 18 19 20 21 22

Printed in the U.S.A. 40

First printing 2018

Book design by Becky James

# Welcome to the world of Pikmi Pops,

where little pops hide big surprises! Inside every pop is an adorable animal who can't wait to meet you. These adorable animals and cuddly creatures can be soft, fluffy, or sparkly, and always smell as sweet as they look.

Find out more about Pichi the Dog, Gizmit the Guinea Pig, Fetti the Cat, and all their furry friends in this ultimate guide to the Pikmis. Whether you're chasing rainbows with Fancy the Unicorn, monkeying around with Leroy the Monkey, or just hanging out with Selby the Sloth, as long as you've got a Pikmi by your side, you'll follow your nose to adventure.

If someone is feeling blue, Pichi does whatever it takes to make them laugh. That is want makes Pichi such a doggone good friend.

Animal: Dog
Season: 1
Rarity: Rare
Scent: Blueberry
Known for: Digging for blueberry bones

Dream Vacation: New Yorkie City
Favorite Snack: Blueberry bones
Quote: "Don't worry. Be yappy!"

# Ollie

**Ollie is a lover, not a fighter. Ollie is in love with love and always tries to help friends find furr-ever happiness!**

**Animal:** Bear
**Season:** 1
**Rarity:** Rare
**Scent:** Bubblegum
**Twin:** Sorbae
**Known for:** Having a lot of heart

**Favorite Day:** Valentine's Day
**Quote:** "I'll always be bear for you!"

# Picki

**Picki the Parrot is a high flier who loves performing acrobatics. Risky and rad, this bird attracts a crowd. There's always a surprise or two in the show!**

**Animal:** Parrot
**Season:** 1
**Rarity:** Common
**Scent:** Fruit Paradise
**Personality:** A total tweet-heart

**Likes:** Tropical breezes
**Dream Vacation:** Hawaiian luau
**Known for:** Creating new fruit juice combos

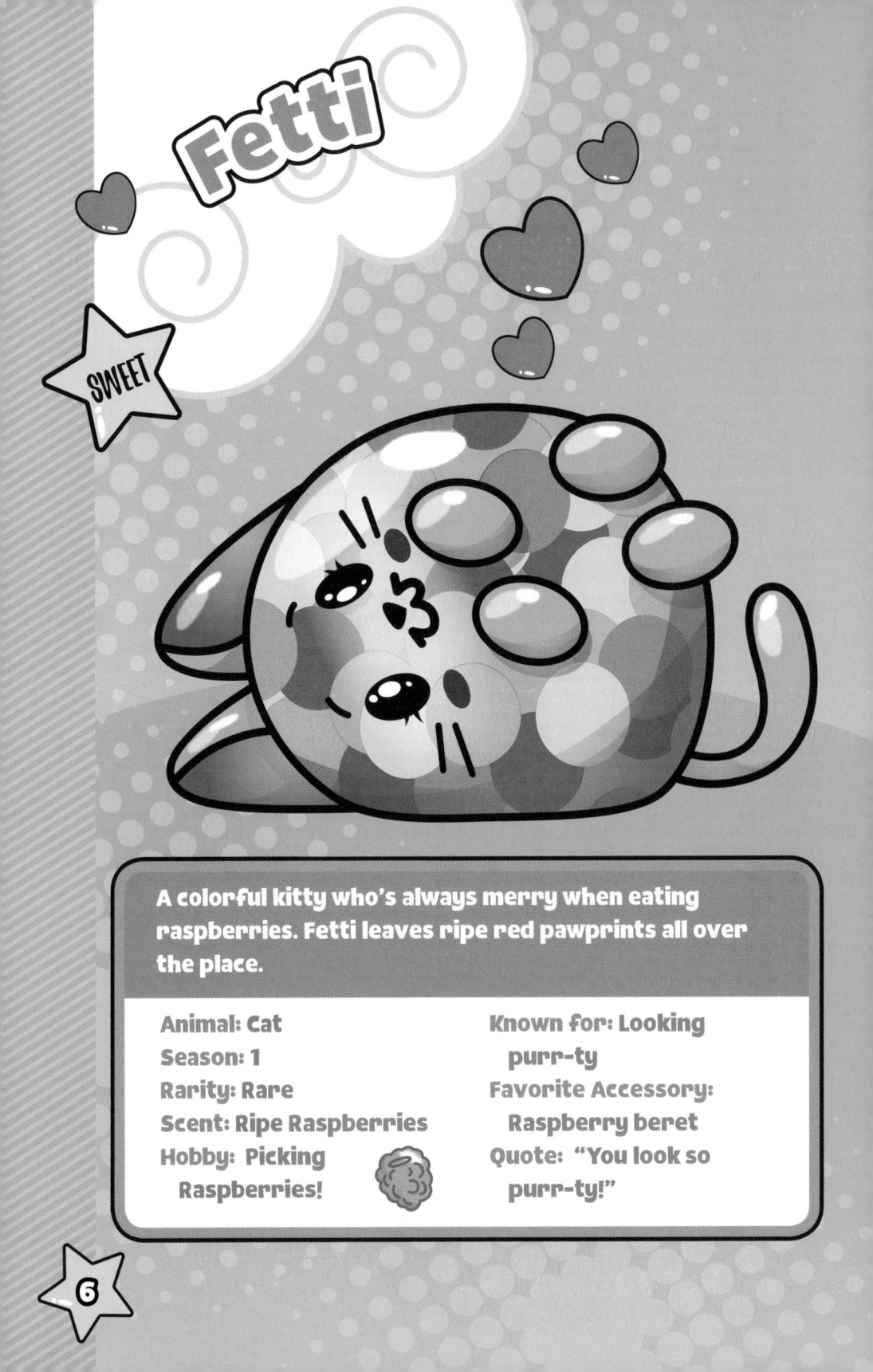


A colorful kitty who's always merry when eating raspberries. Fetti leaves ripe red pawprints all over the place.

Animal: Cat
Season: 1
Rarity: Rare
Scent: Ripe Raspberries
Hobby: Picking Raspberries!

Known for: Looking purr-ty
Favorite Accessory: Raspberry beret
Quote: "You look so purr-ty!"

**Ebby the Bunny can bounce around like a bubble! Ebby just has to be careful not to pop and end up in a sticky situation!**

**Animal:** Bunny
**Season:** 1
**Rarity:** Rare
**Scent:** Bubblegum
**Nickname:** Sir Bounce-a-lot

**Hobby:** Bubble Juggling
**Plays:** Basketball
**Quote:** "You're a bun of fun."

**This monkey loves bananas so much, Leroy's starting to become one! However, Leroy's scent is very a*peel*ing!**

**Animal:** Monkey
**Season:** 1
**Rarity:** Rare
**Scent:** Banana
**Known for:** Banana skin skating

**Prized Possession:** Yellow slippers
**Favorite Snack:** Banana flavored *anything*
**Quote:** "You're the pick of the bunch."

# Wubbs

**Everything is upside down in Wubbs's hangout! But that's okay—it's always so dark in there, Wubbs never knows which way is up anyway!**

**Animal:** Bat
**Season:** 1
**Rarity:** Common
**Scent:** Caramel
**Hero:** Dracula
**Favorite Snack:** Caramel tacos

**Believes in:** Love at first bite
**Quote:** "Let's hang out together!"

# Guggles

**Guggles the Clown Fish is always surprising the Pikmis and making them laugh! If they don't laugh at Guggles's jokes, then it's time for a tickle attack!**

**Animal:** Clown fish
**Season:** 1
**Rarity:** Rare

**Scent:** Grape Giggles
**Hobby:** Clowning around
**Favorite Color:** Purple
**Sweet Ride:** Clown car
**Quote:** "Always remember, any fins possible!"

The smiliest shark you will ever meet, Voom makes friends fast. How could anyone resist a grin like that? Always quick with a joke, Voom has a sharp wit and even sharper teeth!

Animal: Shark
Season: 1
Rarity: Rare
Scent: Mint Choc Chip
Hobby: Surprising swimmers with a smile
Favorite Snack: Mint-choc-chip cupcakes
Dream Vacation: Finland
Quote: "You're looking sharp today!"

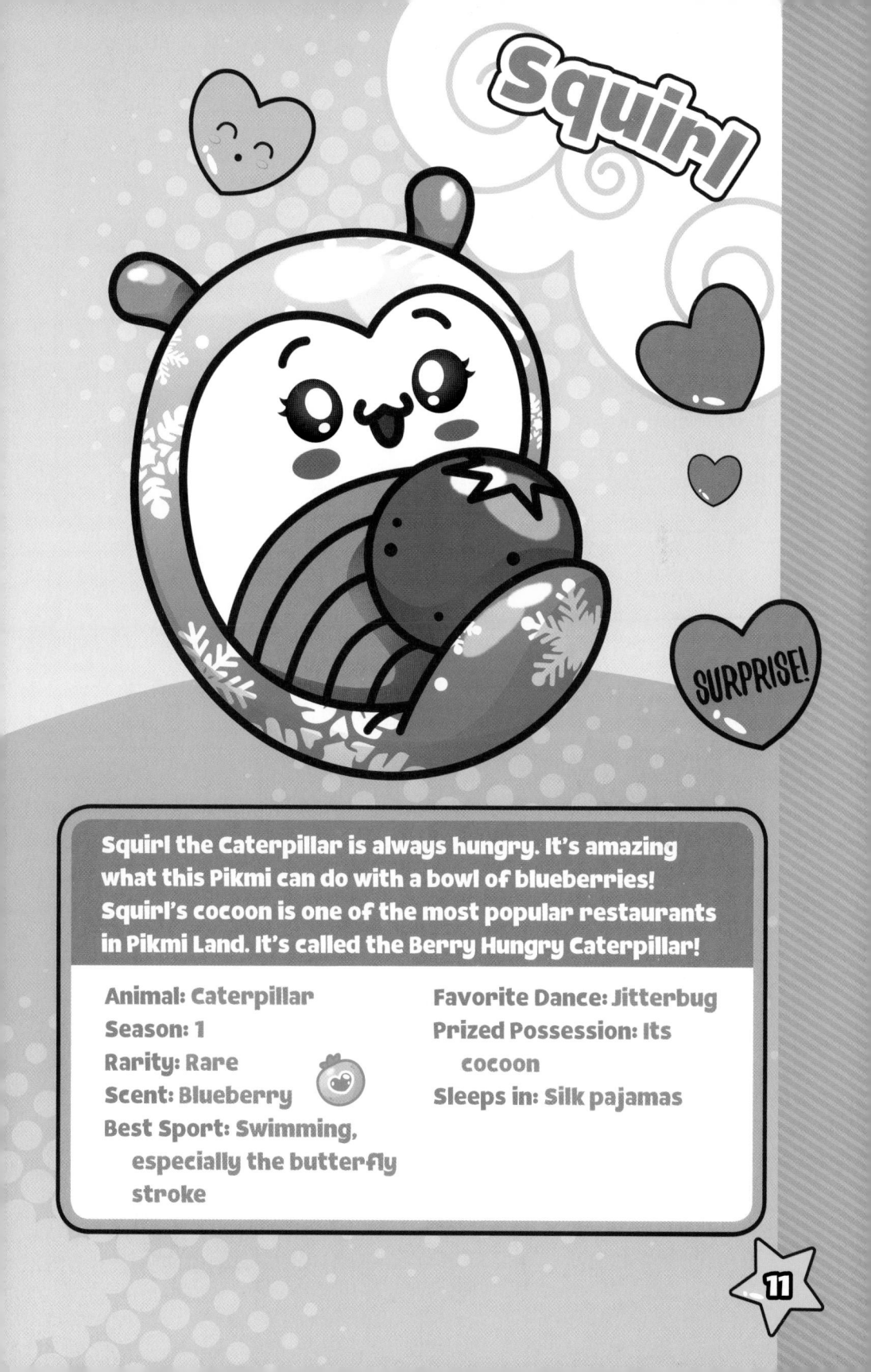


**Squirl the Caterpillar is always hungry. It's amazing what this Pikmi can do with a bowl of blueberries! Squirl's cocoon is one of the most popular restaurants in Pikmi Land. It's called the Berry Hungry Caterpillar!**

Animal: Caterpillar
Season: 1
Rarity: Rare
Scent: Blueberry
Best Sport: Swimming, especially the butterfly stroke
Favorite Dance: Jitterbug
Prized Possession: Its cocoon
Sleeps in: Silk pajamas

# Mooli

**Mooli the Crab is full of silliness and has the softest claws you will ever feel! These arms are made for hugging, not pinching!**

**Animal:** Crab
**Season:** 1
**Rarity:** Common
**Scent:** Watermelon
**Known for:** Being a snappy dresser
**Hobby:** Building sandcastles
**Favorite Snack:** Watermelon Popsicles
**Sweet Ride:** Taxi crab

# Toogy

**Toogy loves chasing anything that moves and sniffing out chocolate. This little pup always helps to chip in when there's chocolate to be found!**

**Animal:** Puppy
**Season:** 1
**Rarity:** Common
**Scent:** Choc Chip
**Hero:** Cocoa Chanel
**Dream Job:** Pup star
**Dream Vacation:** Mocha Raton, Florida
**Quote:** "You're a total pup star!"

**Juju the Giraffe is a risk taker who sticks its neck out for friends. The other Pikmis always look up to Juju for inspiration!**

Animal: Giraffe
Season: 1
Rarity: Common
Scent: Caramel
Nickname: Your Highness
Favorite Sport: Basketball

Hero: Tall McCartney
Dislikes: Giraffic accidents

# Tickles

**Tickles the Octopus can high-five eight friends at the same time—which is lucky, because Tickles is a *berry* popular octopus!**

**Animal:** Octopus
**Season:** 1
**Rarity:** Common
**Scent:** Ripe Raspberries
**Hobby:** Arm wrestling eight Pikmis at a time

**Sweet Ride:** Fish tank
**Sleeps in:** A waterbed
**Quote:** "Legs be best friends!"

SO CUTE

# Bubbles

**Bubbles is a *fin*tastically talented Pikmi. This fish can blow bubbles and juggle at the same time. It's one tricky underwater trick!**

**Animal:** Goldfish
**Season:** 1
**Rarity:** Common
**Scent:** Bubblegum
**Hobby:** Taking bubble baths
**Star Sign:** Aquarius
**Dream Job:** Emergency room sturgeon

**Favorite Movie:** *Finding Nemo*

SWEET

# Mumpy

**Super-friendly Mumpy can hear besties coming from miles away! Always up for a hug, this bunny loves to wrap its ears around you!**

**Animal:** Bunny
**Season:** 1
**Rarity:** Common
**Scent:** Vanilla Bean Marshmallow
**Favorite Music:** Hip-hop

**Prized Possession:** Hare brush
**Quote:** "You are music to my ears!"

# Middy

SWEET

**You will only ever see Middy after dark! Middy hosts the best slumber parties and is always the last one to fall asleep.**

**Animal:** Owl
**Season:** 1
**Rarity:** Common
**Scent:** Watermelon
**Hero:** Harry *Hoot*dini
**Hobby:** Stargazing

**Favorite Subject:** *Owl*gebra
**Quote:** "You're *hoot*iful."

Moosh
Moosh the Kitten loves highland dancing. Moosh has the fastest-moving paws in the land!
Animal: Kitten
Season: 1
Rarity: Common
Scent: Vanilla Bean Marshmallow
Known for: Playing hopscotch
Favorite Play: Cats
Favorite Team: Carolina Panthers
Sweet Ride: Catillac
SURPRISE!
17

# Numble

**When Numble is not snoozing, this bear is jumping out from trees to give surprise hugs! Numble's squeezes are designed to please!**

Animal: Bear
Season: 1
Rarity: Common
Scent: Caramel
Favorite Movie: *Sleeping Beauty*
Hero: Teddy Roosevelt

Dream Vacation: Sleeping Bear Dunes, Michigan
Quote: "I can't bear being without you!"

SO CUTE

# Hobnob

**Hobnob is one helpful hamster. Happy to bend over backward for friends, Hobnob also loves to have fun and go a little crazy!**

Animal: Hamster
Season: 1
Rarity: Rare
Scent: Mint Banana
Hobby: Practicing the hamster dance
Dream Job: *Rodent*ist
Likes: Fairy tails

Dislikes: Dumbbells

**Ooky's a cheeky little thing who loves to swing and surprise you by popping bubblegum bubbles when you least expect it!**

**Animal:** Monkey
**Season:** 1
**Rarity:** Common
**Scent:** Watermelon
**Known for:** Listening to "POP" music!
**Dislikes:** Pitching a fit
**Favorite Music:** Pop songs
**Quote:** "You're the tops when it comes to pops!"

# Kaz

**This Pikmi's head is always full of fresh ideas to make life more fun! Kaz lives in the only watermelon tree in Pikmi Land. It's a great place for a growing imagination!**

**Animal:** Squirrel
**Season:** 1
**Rarity:** Common
**Scent:** Watermelon
**Personality:** Nutty
**Best Friend:** A unicorn
**Favorite Color:** Pink

**Quote:** "You're one in a melon!"

SO CUTE

# Tumbles

**Tumbles loves to bark and woof! Running, jumping, and tumbling all around the garden is just so much fun!**

**Animal:** Puppy
**Season:** 1
**Rarity:** Super set
**Favorite Snack:** Pupperoni pizza
**Signature Dance Move:** The tail wagger
**Favorite Play:** *Hello, Doggie!*

**Best Joke:** What happened when the puppy went to the flea circus? He stole the show!

**The coolest kitten in town, Miska loves hanging out with Tumbles! Sweet like raspberries, Miska loves chasing pieces of string and reflections on the wall.**

**Animal:** Kitten
**Season:** 1
**Rarity:** Super set
**Favorite Fairy Tale:** *The Little* Purr*maid*
**Dislikes:** Making *meow*ntains out of molehills

**Best Joke:** What do you call a kitten with eight legs who likes the ocean? An octo*puss*!
**Quote:** "You're *meow*velous!"

# Hoodoo

**A born comedian, Hoodoo makes everyone laugh. A tree-swinging giggle factory, when Hoodoo starts cracking up, all the Pikmis follow!**

Animal: Monkey
Season: 1
Rarity: Super set
Prized Possession: Monkey wrench
Favorite Snack: Bubblegum banana sundaes
Sweet Ride: *Fur*rari
Quote: "You're a barrel of fun!"

# Tambo

**Tambo has wings, but this parrot prefers flying by bubblegum balloon instead. This beaming bird catches everyone's eye as it floats by!**

Animal: Parrot
Season: 1
Rarity: Super set
Hero: Robin Hood
Hobby: Parrot-oke
Favorite Song: "I Believe I Can Fly"
Quote: "Some birdie loves you!"

# Naz

**A bear who's always there, Naz has a heart of gold and never complains. Naz is always ready to assist Fez in one of Fez's magic tricks!**

**Animal:** Bear
**Season:** 1
**Rarity:** Super set
**Hero:** Yogi Berra
**Favorite Snack:** Honeycomb marshmallows
**Dislikes:** Grizzly movies
**Best Joke:** What did the teddy bear say after dinner? I'm stuffed!

# Fez

**Trickin' 'n' prankin' is what Fez does best! Full of surprises, Fez is always popping out of top hats and disappearing without a trace.**

**Animal:** Bunny
**Season:** 1
**Rarity:** Super set
**Prized Possession:** Top hat
**Best Trick:** The disappearing rabbit
**Favorite Game:** Hopscotch
**Quote:** "It's time to shine."

# Pingle

SWEET

Pingle the Hedgehog really sticks out from the crowd! Shy but super sweet, Pingle rolls up into a ball when anyone pops by.

Animal: Hedgehog
Season: 1
Rarity: Ultra rare
Scent: Caramel
Known for: *Hedge*hugs
Hobby: Playing pinball

Hero: *Quill*iam Shakespeare
Quote: Sending hedge-hugs and kisses!

SO CUTE

**Ickle loves to talk and squawk and has a good word for everyone! This little parrot even talks in its sleep. If you have a message to send, this is the bird to call!**

**Animal:** Parakeet
**Season:** 1
**Rarity:** Rare
**Scent:** Grape Giggles
**Known for:** Fly style
**Hobby:** Talking, talking, and talking!
**Likes:** Talk shows
**Quote:** "You're the squawk of the town!"

# Selby

BE HAPPY

**Selby the Sloth has plenty of time for everyone. Pikmis rush to get in line for one of Selby's hugs, which last for ages. It's certainly worth the wait!**

**Animal:** Sloth
**Season:** 1
**Rarity:** Common
**Scent:** Blueberry
**Known for:** Hanging around
**Hobby:** Racing snails
**Sweet Ride:** Slowmobile
**Quote:** "You're slow amazing!"

**Like a mini lawn mower, Gizmit the Guinea Pig is always hunting around for the sweetest grass to eat! Come over for lunch one day and share a *hay*burger.**

**Animal:** Guinea pig
**Season:** 1
**Rarity:** Common
**Scent:** Caramel
**Favorite Fairy Tale:** *The Three Little Guinea Pigs*

**Dislikes:** Tests
**Best Joke:** What do you call a guinea pig who hates to fly? A groundhog!
**Quote:** "You're a real *squeak*heart!"

# Flit

**Flit the Butterfly is attracted to anything shiny and pretty and gets into a flap searching for gifts for friends! When this butterfly flutters by, it's a sign that you're in for a treat!**

**Animal:** Butterfly
**Season:** 1
**Rarity:** Limited edition
**Favorite Subject:** *Moth*matics
**Dream Job:** Monarch
**Likes:** Gardens
**Quote:** "You make my heart flutter!"

# Akwa

**Akwa the Narwhal makes magic happen! This Pikmi loves blowing bubbles and then popping them with its horn. It's the best fun you can have with gum!**

**Animal:** Narwhal
**Season:** 1
**Rarity:** Limited edition
**Known for:** Narly adventures
**Hobby:** Hanging out with unicorns
**Dislikes:** Tooting its own horn
**Quote:** "Narwhal always love you!"

**Wawa the Seal loves to swim and shake in every sea, river, and lake! If Wawa is your friend, consider that a seal of approval!**

**Animal:** Seal
**Season:** 1
**Rarity:** Limited edition
**Favorite Subject:** Art! Art! Art! Art!
**Likes:** Swimming with friends
**Favorite Color:** Aqua
**Dream Job:** Navy SEAL

**Folly the Bunny's home is always a *hop*pening place! With *berry* long ears that are perfect to listen to the latest Pikmi Pop tunes, Folly is a bunny with *ears* of experience behind it!**

**Animal:** Bunny
**Season:** 1
**Rarity:** Ultra rare
**Scent:** Blueberry
**Likes:** Listening to others' secrets
**Dislikes:** Those who don't carrot all

**Best Joke:** What did the bunny say to the carrot? It's been nice gnawing you!
**Quote:** "You're the bunniest person I know."

# Neno

**Neno the Owl is wiser than most, with an answer to any question. It may not be the *right* answer, but at least it will give you a giggle!**

**Animal:** Owl
**Season:** 1
**Rarity:** Ultra rare
**Scent:** Banana
**Favorite TV Show:** *America's Got Talon*
**Believes in:** Claw and order
**Favorite Game:** Trivial Pur*shoot*
**Quote:** "Owl never let you down!"

Dollop always looks like the cat that got the cream. This kitty always has its tartan handkerchief to keep its whiskers clean.

Animal: Kitten
Season: 1
Rarity: Ultra rare
Scent: Grape Giggles
Dream Vacation: Glas*meow*, Scotland

Wants to Visit: Westminster Tabby
Likes: Playing the bagpipes
Quote: "You're the cream of the crop!"

**Tuku the Penguin always feels cold, and the best way to keep warm is a big hug! That's why you'll always find this Pikmi snuggling with friends.**

**Animal:** Penguin
**Season:** 1
**Rarity:** Ultra rare
**Scent:** Blueberry
**Hobby:** Painting with watercolors

**Dream Job:** Hockey player
**Prized Posession:** Tuxedo
**Quote:** "Have an ice day!"

**Bibble is one of the most thoughtful Pikmis. This little lamb uses its own wool to knit beautiful creations. Giving gifts is the *baaast*!**

**Animal:** Lamb
**Season:** 1
**Rarity:** Ultra rare
**Scent:** Vanilla Bean Marshmallow
**Dream Vacation:** Hiking the Hima*lamb*yas
**Personality:** Gentle and sheepish
**Sweet Ride:** *Lamb*orghini
**Quote:** "You are woolly wonderful!"

Cloppy
BE HAPPY
Cloppy the Pony gives rides to other Pikmis when they are tired. They hold on tight to Cloppy's ears because it's always a surprisingly bumpy ride!
Animal: Pony
Season: 1
Rarity: Common
Scent: Fruit Paradise
Favorite Sport: Stable tennis
Dislikes: Charley horses
Favorite Color: *Neigh*vy blue
Quote: "You're the pony one for me."
SWEET
35

# Chata

**Chata the Parrot is always on the phone talking to friends. If you want the gossip going around Pikmi Land, just ask Chata.**

**Animal:** Parrot
**Season:** 1
**Rarity:** Rare
**Scent:** Ripe Raspberries
**Dream Vacation:** The Canary Islands

**Known for:** Talking, chatting, speaking, and having conversations!
**Dislikes:** *Cheep* souvenirs
**Dream Job:** Diamond mynah

**Tiki the Cow is a smooth *mooo*ver and loves to shake it up on the dance floor! When the music's finished, it's time to serve up some after-party grape milkshakes.**

**Animal:** Cow
**Season:** 1
**Rarity:** Common
**Scent:** Grape Giggles
**Star Sign:** Taurus
**Hangout:** The *calf*eteria

**Favorite Play:** The Sound of *Moo*sic
**Dream Vacation:** *Udder* space
**Plays:** Cowbell

Smorey has a heart for art! This creative pup is always surprising friends by making sweet art from the tastiest treats. It's art that's good enough to eat!

Animal: Dog
Season: 1
Rarity: Rare
Scent: Vanilla Bean Marshmallow
Hero: Pablo *Paw*casso
Dream Vacation: The A-maltese Coast
Favorite Snack: Vanilla marshmallow sundae
Quote: "You're pawsome."

# Kimie

SO CUTE

**Kimie is a cool cat who's a sweet treat to be with! Choc-full of love to share, this cat is the purr-fect pop to pick!**

**Animal:** Cat
**Season:** 1
**Rarity:** Common
**Scent:** Mint Choc Chip
**Favorite Musician:** *Meow*ry J. Blige
**Dream Job:** *Purr*amedic
**Favorite Subject:** *Hiss*tory
**Best Joke:** Why are cats good at video games? They have nine lives!

# Beeps

**Beeps gives a hoot about the planet. Beeps conserves energy and *owl*ways recycles!**

**Animal:** Owl
**Season:** 1
**Rarity:** Common
**Scent:** Banana
**Favorite Movie:** *Beak to the Future*
**Likes:** Reading joke books
**Best Joke:** What do you call a wet baby owl? A moist *owl*ette!

**Quote:** "You're a hoot to be with."

SURPRISE!

# Squeaks

**With a sparkling personality, Squeaks the Mouse comes out at night to brighten up everyone in sight. Squeaks is a little mouse who's a big star!**

**Animal:** Mouse
**Season:** 1
**Rarity:** Rare
**Scent:** Choc Chip
**Known for:** Karaoke competitions

**Biggest Fear:** Catfish
**Wishes for:** A *mouse*tache
**Quote:** "Gimme a squeak!"

**Asha has ups and downs like everyone else. When you need someone to talk to, Asha is the one to pick—this bunny is always all ears!**

**Animal:** Bunny
**Season:** 1
**Rarity:** Common
**Scent:** Peppermint
**Known for:** Hip-hop dancing
**Dream Job:** Hare Force pilot
**Favorite Movie:** *The Fast and the Furriest*
**Prized Possession:** Bunny slippers

**Alfalfa sprouts happiness everywhere! This Pikmi scatters rainbow sprinkles in the garden beds and hopes that one day they'll grow into rainbows!**

**Animal:** Bear
**Season:** 2
**Rarity:** Common
**Scent:** Watermelon
**Hobby:** Talking to its plants

**Favorite Color:** Green
**Dream Vacation:** Brussels, Belgium
**Favorite Treat:** Watermelon waffles

**With Loofa's designer coat and luxurious mane, this lion has its paws on the pulse of the latest trends!**

**Animal:** Lion
**Season:** 2
**Rarity:** Super set
**Hobby:** Shopping on Mane Street
**Favorite Treat:** Roasted chickpeas
**Favorite Movie:** *The Lion King*
**Happy Place:** In front of a roaring fire

**Kind and super friendly, Kimchi goes out on a limb to help and *panda* to all your needs. You'll never feel blue with this red panda!**

**Animal:** Red Panda
**Season:** 2
**Rarity:** Super set
**Usual Breakfast:** *Panda*cakes
**Likes:** Doing good deeds!
**Favorite Toy:** Fire engine
**Favorite Color:** Scarlet red

# Plume

**Plume is proud to display stunning feathers—and why not? They're awesome! But Plume is no show pony . . . more like a show peacock!**

**Animal:** Peacock
**Season:** 2
**Rarity:** Super set
**Likes:** Bright colors
**Dislikes:** Bird brains
**Favorite Snack:** Peanuts, green peas, and pecans
**Favorite Pastime:** Feather arranging

# Zeni

**Zeni is not your average zebra. But then again, nobody is average in Pikmi Land! Zeni is a trendsetter who can't wait to hit the catwalk with a wild new look!**

**Animal:** Zebra
**Season:** 2
**Rarity:** Super set
**Dream Vacation:** Africa
**Dream Job:** Referee
**Favorite Treat:** Pikmi Popsicles
**Favorite Pastime:** Styling up new looks
**Best Joke:** What's black and white and black and white? A zebra doing a flip!
**Quote:** "Stripes are so last season."

**Skooter has a huge sweet tooth. A sugar rush helps this Pikmi glide through life with ease!**

**Animal:** Flying Squirrel
**Season:** 2
**Rarity:** Super set
**Nickname:** Sweetie Pie
**Known for:** Flying by the seat of its pants
**Dream Job:** Pilot
**Favorite Treat:** Sugarcoated sugar cubes
**Favorite Pastime:** Kite flying

**If you need comfort, Puffly is the pug to call. This Pikmi will take friends for a walk to play in the park or give them a puggly hug!**

**Animal:** Pug
**Season:** 2
**Rarity:** Super set
**Likes:** Puppy love
**Favorite Food:** Pugs in a blanket
**Best Yoga Pose:** Downward dog
**Favorite Fairy Tale:** *The Three Little Pugs*
**Favorite Treat:** Jelly Bean Jaffles
**Favorite Pastime:** Relaxing in a pair of fluffy Pugg boots

Bamboo is one ultra-rare bear! Once you find Bamboo, you have a friend for life. You couldn't BEAR to lose a sweet Pikmi like this!

**Animal:** Panda bear
**Season:** 2
**Rarity:** Ultra rare
**Favorite Game:** Playing hide-and-seek
**Hangs Around:** The li*beary*
**Favorite Treat:** Bamboo steam buns
**Dream Vacation:** China
**Scent:** Caramel Apple

# Dainty

**Everyone knows that Dainty is light on its hooves. This donkey loves to get out on the dance floor and boogie to the beat!**

Animal: Donkey
Season: 2
Rarity: Ultra rare
Scent: Blueberry
Known for: Shaking a tail
Favorite Treat: Hay enchiladas
Secret Pleasure: Tea parties
Favorite Musician: Bray-Z
Favorite Pastime: Giving donkey dance lessons

SWEET

# Posie

**Posie is a whole bunch of fun and loves performing for friends by juggling grapes. Posie's skills are so amazing, some Pikmis have even called it the "Grapest Show on Earth!"**

**Animal:** Dog
**Season:** 2
**Rarity:** Ultra rare
**Scent:** Grape
**Nickname:** The Great Posini
**Hero:** Santa Paws

**Hobby:** Putting on *pup*pet shows
**Favorite Game:** The Puppy Bowl

**Bobble loves talking. This budgie can chirp in five different languages, which is very handy when it goes migrating to warmer countries in winter.**

**Animal:** Budgie
**Season:** 2
**Rarity:** Rare
**Scent:** Banana
**Hobby:** Spending time on Twitter
**Favorite Movie:** *Bye Bye Birdie*
**Favorite Game:** Duck, duck, goose
**Favorite Treat:** Banana-flavored birdseed
**Quote:** "Home, tweet home!"

**This Pikmi has a "home, sweet home" on its back! No matter where Smoosh goes, there is always a beautiful place to stay. It's like being on an endless vacation!**

**Animal:** Sea turtle
**Season:** 2
**Rarity:** Rare
**Scent:** Bubblegum
**Super Skill:** Interior decorating. You should see inside Smoosh's shell!
**Favorite Game:** The shelling bee
**Favorite Accessory:** Tortoiseshell glasses
**Favorite Treat:** Banana cream pie
**Likes to Wear:** Turtlenecks

**Moni has an incredible memory! This elephant can remember everything it has ever eaten for lunch since it was one day old! Actually, it's not *that* remarkable, because Moni only ever eats raspberries!**

**Animal:** Elephant
**Season:** 2
**Rarity:** Rare
**Scent:** Watermelon
**Prized Possession:** Trunk full of mementos
**Favorite Play:** *Elephantom of the Opera*
**Favorite Color:** Gray
**Favorite Treat:** Raspberries, and lots of them
**Quote:** "I will always remember you!"
**Favorite Pastime:** Playing memory games

# Scoots

**Scoots is a whiz in the water. This Pikmi is an expert swimmer—its backstroke is *otter*ly amazing!**

**Animal:** Sea otter
**Season:** 2
**Rarity:** Rare
**Scent:** Watermelon
**Hobby:** Boating and body surfing
**Dream Vacation:** Tropical cruise
**Favorite Treat:** Bubblegum soda
**Quote:** "I *otter*ly love you!"

# Clove

**Clove is an adventurous coyote who's always prowling around the plains looking for colorful things to create for friends. Clove really knows how to turn trash into treasure!**

**Animal:** Coyote
**Season:** 2
**Rarity:** Rare
**Scent:** Banana
**Nickname:** Night Howl
**Known for:** Baking desert desserts
**Favorite Treat:** Moon cakes
**Quote:** "Your destiny is written in the stars!"

**Velvet dreams of traveling through space. They say this Pikmi's antlers can pick up signals from other planets!**

**Animal:** Elk
**Season:** 2
**Rarity:** Rare
**Scent:** Bubblegum
**Closest Family:** Its antler and uncle

**Favorite Subject:** Astronomy
**Favorite Treat:** Bubblegum tacos
**Prized Possession:** Telescope

**Chomp has a small roar, but a big heart. This Pikmi doesn't need to be king of the jungle—it would rather be the *paw*fect friend!**

**Animal:** Lion
**Season:** 2
**Rarity:** Common
**Scent:** Fruit Paradise
**Hobby:** Lion around in the shade



**Dream Vacation:** Safari on the Serengeti
**Favorite Team:** Chicago Cubs
**Favorite Treat:** Fruit salad subs

**Fab's fluffy ears make for a great listener. This pup can always hear friends calling. And when Fab barks, it's truly from the heart!**

Animal: Cocker Spaniel
Season: 2
Rarity: Common
Scent: Watermelon
Known for: Common scents
Favorite Play: *Fiddler on the Woof*
Favorite Weather: Dog days of summer
Favorite Treat: Watermelon sausages
Quote: "Fur what it's worth, I love you!"

SWEET

Snowy adores the cold weather and is always singing and dancing when there's a blizzard. This cool bear is famous for performing on the ice stage. This Pikmi loves being in "*snow*biz"!

**Animal:** Polar bear
**Season:** 2
**Rarity:** Common
**Scent:** Caramel Apple
**Known for:** Being totally chill

**Favorite Treat:** Caramel apple icy pops
**Favorite Game:** Freeze tag
**Favorite Pastime:** Singing in the snow
**Quote:** "You're so cool!"

Eggnog
SO CUTE
Whether Eggnog is faced with a complicated problem or just a tough nut to crack, this squirrel never gives up! Eggnog is very handy with power tools, especially jackhammers!
Animal: Squirrel
Season: 2
Rarity: Common
Scent: Grape
Dream Vacation: Black Forest
Favorite Pastime: Making cool jewelry from nut cases
Favorite Treat: Peanut butter and grape sandwiches
Quote: "I'm totally nuts about you!"
SURPRISE!

**If you spot something red in Pikmi Land, it's probably Rowie the Red Panda. Popping up in the most unexpected places to surprise you, Rowie is always red-red-ready to make you jump!**

**Animal:** Red panda
**Season:** 2
**Rarity:** Common
**Scent:** Fruit Paradise
**Hobby:** Planning surprise parties

**Favorite Song:** "Row, Row, Row Your Boat"
**Best Friend:** Eggnog the Squirrel
**Quote:** "You *red* my mind!"

BE HAPPY

**Puff knits adorable sweaters using a special soft wool. This ram has a list of orders for woolly cute creations that's as long as its horns!**

**Animal:** Ram
**Season:** 2
**Rarity:** Common
**Scent:** Caramel Apple
**Dream Vacation:** Bucking-ram Palace

**Reads:** *The Wool Street Journal*
**Likes:** Counting sheep
**Plays:** French horn
**Favorite Treat:** Caramel apple cupcakes

# Tickle

**Tickle has sensitive hooves. Even a single blade of grass can make it fall over in a giggling fit! That's why Tickle is the only zebra who likes to wear socks.**

Animal: Zebra
Season: 2
Rarity: Common
Scent: Blueberry
Always Wears: Socks
Likes: Laughing and giggling
Favorite Color: Black and white
Favorite Treat: Blueberry hay bales

# Tubble

**Tubble is sure-footed on the dance floor and sure-eatin' at the dessert table. This goat can't resist a sweet treat!**

Animal: Goat
Season: 2
Rarity: Common
Scent: Cotton Candy
Nickname: Greatest of All Time
Dream Vacation: The mountains
Favorite Artist: Vincent Van Goat
Favorite Treat: Cotton candy and tin cans
Best Joke: What do you call a goat who knows martial arts? A karate kid!

**Pickle the Pug's tail never stops wagging! A happy pug who loves to have a bunch of fun with friends, Pickle is a grape buddy to everyone!**

**Animal:** Pug
**Season:** 2
**Rarity:** Common
**Scent:** Grape
**Dream Job:** Barkaeologist
**Plays:** The trombone
**Favorite Treat:** A big bunch of bones

**Favorite Pastime:** Walks in the park
**Best Joke:** Why do pugs hate the rain? They don't want to step in a poodle!

**Wisp is a mythical Pikmi who flies down from the mountains to spread the message of friendship. Those special enough to see Wisp know that they have a friend for life!**

**Animal:** Dragon
**Season:** 2
**Rarity:** Limited edition
**Nickname:** Flame
**Known for:** Getting fired up
**Hobby:** Skywriting with fiery breath
**Super Skill:** *Talon*ted fire-breather
**Favorite Treat:** Anything hot and spicy

# Fuzz

**Fuzz feels most chilly playing in the snow. This yeti may look cold, but the truth is, it's extra warmhearted!**

Animal: Yeti
Season: 2
Rarity: Limited edition
Personality: Cool as a cucumber
Hobby: Building snowmen
Favorite Treat: Snow cones
Quote: "You're snow amazing!"

SO CUTE

**Like a rainbow, Fancy appears when you're least expecting it. Then, just as quickly, Fancy disappears again! So be sure to make a wish—fast!**

**Animal:** Unicorn
**Season:** 2
**Rarity:** Limited edition
**Favorite Color:** Rainbow glitter
**Super Skill:** Making magic happen
**Favorite Accessory:** Golden horn
**Favorite Treat:** Rainbow Cake
**Favorite Pastime:** Rainbow sliding
**Quote:** "I believe in you!"

# Flubb

SO CUTE

**When Flubb has a new passion, watch out! This Pikmi can be so pumped up that it's practically bursting with excitement!**

**Animal:** Pufferfish
**Season:** 2
**Rarity:** Ultra rare
**Scent:** Banana
**Hobby:** Making balloon animals
**Dream Vacation:** Scuba diving
**Biggest Flaw:** Inflated ego
**Favorite Game:** Basketball
**Favorite Treat:** Banana bubblegum

# Noodles

**Noodles gets spooked easily. But when this sea creature gets a case of the wobbles, it takes a deep-sea breath and keeps on swimming!**

**Animal:** Jellyfish
**Season:** 2
**Rarity:** Ultra rare
**Scent:** Bubblegum
**Best Friend:** Its i-tentacle twin
**Favorite Treat:** Jelly, of course!
**Favorite Pastime:** Rock-pool hopping
**Dislikes:** Fishing for compliments
**Sweet Ride:** The Octobus

**Tubbs is never unhappy and is always having a whale of a time! This Pikmi loves to spout about how much fun Pikmi Land is to anyone who will listen!**

**Animal:** Whale
**Season:** 2
**Rarity:** Ultra rare
**Scent:** Watermelon
**Nickname:** Squirt
**Hobby:** Deep-sea diving
**Dislikes:** Blubbering
**Favorite Treat:** Fish and chips

Kazoo is a real joker and quacks everybody up with lots of silly antics. And if they don't laugh, Kazoo tickles them with a feather! Everyone's lucky to know this ducky!

**Animal:** Duck
**Season:** 2
**Rarity:** Rare
**Scent:** Chocolate
**Speaks:** Portu*geese*
**Hero:** Billy the Kid
**Favorite Treat:** Chocolate
**Favorite Pastime:** Taking baths
**Best Joke:** What do you call a bird with fangs? Count Duckula!

# Dreya

**A little rascal who loves to pull a prank, that's Dreya! Watch out when this raccoon is out and about, because you never know when it might surprise you with a trick up its sleeve!**

**Animal:** Raccoon
**Season:** 2
**Rarity:** Rare
**Scent:** Grape
**Known for:** Planning the best prank
**Favorite Treat:** Raccoon macaroons

**Likes:** Stealing attention
**Best Joke:** Why do raccoons sleep under cars? They like to wake up oily!

SURPRISE!

# Oni

**Playful and silly, Oni loves splashing around in water and getting others wet. Sometimes naughty, but always nice in the end, this otter can be a lotta trouble!**

**Animal:** Otter
**Season:** 2
**Rarity:** Rare
**Scent:** Bubblegum
**Dream Job:** Making change at the river bank
**Hero:** Harry Otter
**Known for:** Getting along swimmingly with others
**Sweet Ride:** *Otter*mobile
**Favorite Treat:** Orange ice cream
**Favorite Pastime:** Floating and boating

# Fuwa

**Fuwa the Fox is very tricky. You'll see this Pikmi Pop's tail popping over the hills—but catching it is a different story!**

**Animal:** Fox
**Season:** 2
**Rarity:** Rare
**Scent:** Raspberry
**Personality:** Sly
**Known for:** Telling tails
**Favorite Team:** Boston Red Fox
**Favorite Dance:** The fox-trot
**Favorite Treat:** Lemonade lollipops

**Mani has an amazing imagination and never stops creating fun inventions for the other Pikmis. Mani's job is to put a smile on everyone's face—and this moose does it so well!**

**Animal:** Moose
**Season:** 2
**Rarity:** Rare
**Scent:** Mint Choc Chip
**Dislikes:** *Moose*quito bites
**Favorite Sport:** Track and Field
**Likes:** Mooseical theater
**Dream Vacation:** Alaska
**Favorite Treat:** Choc mint *moos*li
**Favorite Pastime:** Growing organic food

SWEET
Fluff
Look up in the trees and you may find Fluff the Koala. Fluff loves to sleep all day long and party under the stars! No one loves nature more than Fluff.
Animal: Koala
Season: 2
Rarity: Rare
Scent: Caramel Apple
Known for: Tree-hugging
Dream Vacation: Australia
Favorite Treat: Caramel-coated gum leaves
Favorite Drink: Coca Koala
SO CUTE
75

# Nacho

**Nacho may be small, but this bulldog has a big personality. Confident and clever, you are always in good paws with Nacho!**

**Animal:** French Bulldog
**Season:** 2
**Rarity:** Common
**Scent:** Caramel Apple
**Dream Vacation:** Paris
**Favorite Dance:** Ballet
**Favorite Treat:** Candy apple cornflakes
**Favorite Pastime:** Learning to bark in French
**Quote:** "I dig you!"

# Tazzle

**Energetic and adventurous, Tazzle loves surprising friends by pouncing out from the jungle. This Pikmi is a little tiger who loves playing tag until the sun goes down!**

**Animal:** Tiger
**Season:** 2
**Rarity:** Common
**Scent:** Fruit Paradise
**Favorite Accessory:** Striped sweater
**Biggest Flaw:** Being a copycat
**Favorite Song:** "Jungle Bells"

**Hero:** Tigger
**Favorite Treat:** Mango marshmallows

# Niblet

**Niblet is a totally *ham*azing friend! This Pikmi also has a need for speed. Niblet loves to feel the wheel beneath its feet!**

**Animal:** Hamster
**Season:** 2
**Rarity:** Common
**Scent:** Mint Choc Chip
**Hero:** Abra*hamster* Lincoln
**Dream Vacation:** Hamster-dam
**Favorite Game:** Hide-and-squeak

**Favorite Treat:** Choc-dipped carrots
**Quote:** "Have a *ham*azing day!"

# Twigs

**Twigs is a real copycat! Ever since learning to talk, Twigs repeats everything it hears. This Pikmi chats 24-7, including while it's asleep!**

**Animal:** Parakeet
**Season:** 2
**Rarity:** Common
**Scent:** Chocolate
**Hero:** Tweety Bird
**Dislikes:** Feeling caged in
**Favorite Color:** Yellow
**Favorite Movie:** *Lord of the Wings*
**Favorite Treat:** Apple seeds
**Favorite Pastime:** Listening to talk radio

# Freckle

**Freckle has a real sweet tusk, so it always remembers to brush twice a day to keep its smile sparkling!**

**Animal:** Walrus
**Season:** 2
**Rarity:** Common
**Scent:** Cotton Candy
**Hobby:** Beach volleyball
**Hangout:** The dive-in movie theater
**Prized Possession:** Polaroid camera
**Favorite Treat:** Cotton candy-crumbed fish

SO CUTE

**Snaffle can remember every Pikmi's name and address, which is very handy when writing Christmas cards!**

**Animal:** Elephant
**Season:** 2
**Rarity:** Common
**Scent:** Raspberry
**Hero:** Cinderellephant
**Dream Vacation:** India

**Waiting for:** The Tusk Fairy
**Favorite Play:** *Stomp!*
**Favorite Treat:** Strawberry and peanut ice cream

Erkle the Turtle is a shy little Pikmi who doesn't like to come out of its shell. Everything Erkle needs is on its back. But once this shy Pikmi decides to poke its head out, the fun really begins!

Animal: Turtle
Season: 2
Rarity: Common
Scent: Banana
Hobby: Watching *shell*evision

Dream Job: Ninja
Favorite Treat: Peaches and cream
Sweet Ride: Shellicopter
Quote: "Let's shell-ebrate!"

**Brite is a very handy friend to have around on a rainy day. This Pikmi's antlers are perfect for hanging wet socks out to dry!**

Animal: Deer
Season: 2
Rarity: Common
Scent: Blueberry
Hobby: Ballroom prancing
Likes: Sledding
Favorite Month: December
Favorite Weather: Rainy days
Favorite Treat: Pumpkin pie

# Petrie

**Petrie likes to decorate by hanging bunches of grapes from the ceiling. That makes it much easier to have a midnight snack without getting out of bed!**

**Animal:** Wolf
**Season:** 2
**Rarity:** Common
**Scent:** Grape
**Believes in:** *Furr*ever friends

**Favorite Song:** "Blue Moon"
**Favorite Treat:** Grape jelly
**Quote:** "You're *howl*arious!"

# Peebie

**By day, you'll find Peebie taking a catnap in the sun. But by night, it's on the prowl for adventure!**

**Animal:** Cat
**Season:** 2
**Rarity:** Common
**Scent:** Bubblegum
**Hero:** The Pink Panther
**Dream Vacation:** *Meow*nich, Germany

**Likes:** Beating im*paw*ssible odds
**Dislikes:** Sourpusses

# Rhubarb

**Rhubarb is a smart roo and doesn't stop thinking about the future. This Pikmi carries watermelon seeds in its pouch and plants them wherever it goes! That way, Rhubarb can have watermelon anytime, anywhere!**

**Animal:** Kangaroo
**Season:** 2
**Rarity:** Common
**Scent:** Watermelon
**Hobby:** Boomerang juggling
**Favorite Color:** Watermelon Pink
**Favorite Treat:** Watermelon waffles

**Prized Possession:** Boomerang
**Quote:** "I couldn't be hoppier with you!"

Tater
SWEET
Tater loves looking for treasure in the yard. This Pikmi spends hours digging holes and is always on the hunt for those rare banana bones.
Animal: Golden Retriever
Season: 2
Rarity: Common
Scent: Banana
Known for: Its doggie paddle
Hobby: Drawing treasure maps
Favorite Treat: Banana bones
Dislikes: Barking up the wrong tree
84

# Parfait

**Parfait the Hedgehog eats nothing but desserts! But don't worry—this hedgehog makes sure to get its daily vegetable intake. You should try Parfait's recipe for broccoli cream pie!**

**Animal:** Hedgehog
**Season:** 2 PushMi Ups!
**Rarity:** Ultra rare
**Scent:** Choc Swirl
**Personality:** Layered
**Known for:** Being a ball of energy

**Favorite Treat:** Chocolate-coated carrots
**Favorite Pastime:** Cooking up new creations in the kitchen
**Nickname:** Spike

SURPRISE!

**Sprinkle is a little sweetie. And when it's bouncing off the walls, its favorite marshmallows make sure it's always in for a soft landing!**

**Animal:** Hamster
**Season:** 2 PushMi Ups!
**Rarity:** Ultra rare
**Scent:** Marshmallow Treat
**Known for:** Its big mouth
**Dream Vacation:** New *Ham*stershire
**Favorite Treat:** Marshmallow muffins
**Favorite Flower:** Rodent-dendron
**Favorite Pastime:** Workouts in the hamster wheel

# Drips

**Drips the Dog is a sweet but messy pup! Always getting into sticky situations, Drips melts the hearts of everyone by leaving chocolate heart-shaped pawprints behind!**

**Animal:** Dog
**Season:** 2 PushMi Ups!
**Rarity:** Rare
**Scent:** Chocolate Ripple
**Known for:** Checking its collar ID
**Hobby:** Paw printmaking
**Favorite Treat:** Chocolate ripple cake
**Favorite Color:** Chocolate brown

# Sherbet

**Sherbet the Parrot is a bit of a daredevil and likes doing tricks through the clouds. Sherbet always carries a bubblegum bubble to ensure a soft bouncy landing!**

**Animal:** Parrot
**Season:** 2 PushMi Ups!
**Rarity:** Rare
**Scent:** Marshmallow Treat
**Known for:** Having *soar* muscles
**Hobby:** Sending messages on Flapchat
**Best Trick:** Flying with one wing tied behind its back
**Favorite Music:** Squawk n' roll
**Favorite Treat:** Bubblegum birdseed

# Sundae

**Sundae the Cow can whip up the creamiest sundaes using the freshest ingredients. Sundae has all the dance *moooves* to make that ice cream extra smooth!**

**Animal:** Cow
**Season:** 2 PushMi Ups!
**Rarity:** Rare
**Scent:** Berry Twist
**Known for:** Telling a*moo*sing stories
**Favorite Dance:** The banana split
**Plays:** The cowbell

**Favorite Treat:** Berry twist dundaes
**Quote:** "Pretty please, with a cherry on top?"

# Sweetie

**Sweetie the Goldfish loves meeting new friends, but can never remember their names. That's okay, because Sweetie gets to introduce itself all over again the next day!**

**Animal:** Goldfish
**Season:** 2 PushMi Ups!
**Rarity:** Rare
**Scent:** Very Berry
**Known for:** Swimming laps
**Favorite Color:** Gold
**Favorite Team:** Los Angeles Lakers

**Favorite Treat:** Berrilicious fish food
**Favorite Pastime:** Doing laps of the fish bowl

# Ripple

**Ripple thinks bubbles are a-meow-zing. It loves to watch the purr-fect spheres float through the air!**

**Animal:** Cat
**Season:** 2 PushMi Ups!
**Rarity:** Common
**Scent:** Bubblegum Ripple
**Known for:** Chewing bubblegum
**Favorite Musician:** Kitty Perry
**Dislikes:** Bursting anyone's bubble
**Favorite Team:** Detroit Lions
**Favorite Treat:** Bubblegum ripple cake
**Favorite Pastime:** Bubblegum baseball

# Twirl

**Twirl spends all its time picking berries and pulling pranks. Things get *berry* messy when it's around!**

**Animal:** Monkey
**Season:** 2 PushMi Ups!
**Rarity:** Common
**Scent:** Berry Bliss
**Known for:** Monkeying around
**Favorite Movie:** *Planet of the Apes*
**Favorite Color:** Blue
**Favorite Treat:** Berry surprise pie
**Favorite Pastime:** Swinging in the berry bushes
**Sweet Ride:** Chimp Blimp

**Puddin is a real show pony. It loves to perform daring leaps and sweet twirls in front of a crowd!**

**Animal:** Pony
**Season:** 2 PushMi Ups!
**Rarity:** Common
**Scent:** Choc Chunk
**Dream Vacation:** *Neigh*braska
**Dislikes:** Night*mares*
**Favorite TV Show:** *So You Think You Can Prance*
**Favorite Treat:** Anything chocolate
**Best Joke:** What did the mare say to the foal? It's pasture bedtime!

**Scoops the Mouse lives in an ice-cream-cone condo. When this Pikmi gets hungry, it simply eats a hole in the wall! You can never have enough windows, after all!**

**Animal:** Mouse
**Season:** 2 PushMi Ups!
**Rarity:** Common
**Scent:** Mallow Mix
**Favorite Treat:** Marshmallow cheese sandwiches
**Dislikes:** Drips
**Hobby:** Riding the Ferr-swiss Wheel
**Quote:** "What's the scoop? I'm all ears!"

# Icey

**As cool as ice and extra nice, Icey the Bunny is a popular pick on a hot day! Other Pikmis line up to cool down with a hug from this chill bunny!**

**Animal:** Bunny
**Season:** 2 PushMi Ups!
**Rarity:** Common
**Scent:** Marshmallow Ripple
**Likes:** Hoppy endings
**Looks Forward To:** Trips to the *hare*dresser
**Hobby:** Ice sculpting
**Favorite Dance:** The bunny hop
**Favorite Treat:** Marshmallow ice blocks

**Sorbae travels everywhere using bubble power! It's a very relaxing way to travel, but you have to make sure you can go with the blow!**

**Animal:** Bear
**Season:** 2 PushMi Ups!
**Rarity:** Common
**Scent:** Bubblegum Swirl
**Twin:** Ollie
**Known for:** Going with the blow of things
**Hobby:** Bubblegum ballooning
**Hero:** Winnie the Pooh
**Favorite Treat:** Bubblegum sorbet

# Character Checklist

**There are so many precious Pikmis to choose! Place a check mark next to the ones you have and collect them all!**

- ◯ Akwa
- ◯ Alfalfa
- ◯ Asha
- ◯ Bamboo
- ◯ Beeps
- ◯ Bibble
- ◯ Bobble
- ◯ Brite
- ◯ Bubbles
- ◯ Chata
- ◯ Chomp
- ◯ Cloppy
- ◯ Clove
- ◯ Dainty
- ◯ Dollop
- ◯ Dream
- ◯ Dreya
- ◯ Drips
- ◯ Ebby
- ◯ Eggnog
- ◯ Erkle
- ◯ Fab
- ◯ Fancy
- ◯ Fetti
- ◯ Fez
- ◯ Flit
- ◯ Flubb
- ◯ Fluff
- ◯ Folly
- ◯ Freckle
- ◯ Fuwa
- ◯ Fuzz
- ◯ Gizmit
- ◯ Glama
- ◯ Guggles
- ◯ Hobnob
- ◯ Hoodoo
- ◯ Icey
- ◯ Ickle
- ◯ Juju
- ◯ Kaz
- ◯ Kazoo

- ◯ Kimchi
- ◯ Kimie
- ◯ Leroy
- ◯ Loofa
- ◯ Mani
- ◯ Middy
- ◯ Miska
- ◯ Moni
- ◯ Mooli
- ◯ Moosh
- ◯ Mumpy
- ◯ Nacho
- ◯ Naz
- ◯ Neno
- ◯ Niblet
- ◯ Noodles
- ◯ Numble
- ◯ Ollie
- ◯ Oni
- ◯ Ooky
- ◯ Parfait
- ◯ Peebie
- ◯ Petrie
- ◯ Pichi
- ◯ Picki
- ◯ Pickle
- ◯ Pingle
- ◯ Plume
- ◯ Posie
- ◯ Puddin
- ◯ Puff
- ◯ Puffly
- ◯ Rhubarb
- ◯ Ripple
- ◯ Rowie
- ◯ Scoops
- ◯ Scoots
- ◯ Selby
- ◯ Sherbet
- ◯ Skittle
- ◯ Skooter
- ◯ Smoosh
- ◯ Smorey
- ◯ Snowy
- ◯ Snaffle
- ◯ Sorbae
- ◯ Sprinkle
- ◯ Squeaks
- ◯ Squirl
- ◯ Sundae
- ◯ Sweetie
- ◯ Tambo
- ◯ Tater
- ◯ Tazzle

Tickle
Tickles
Tiki
Toogy
Tubble
Tubbs
Tuku
Tumbles
Twigs
Twirl
Velvet
Voom
Wawa
Wisp
Wubbs
Zeni
BE HAPPY
SO CUTE
SWEET

PO # TK
©2018 Moose. All rights reserved.
These stickers smell delicious, but PLEASE DO NOT EAT THEM!